Udo Robert Riegger

Keine Angst vor großen Tieren

- menschlich -

Bibliographische Information der Deutschen Nationalbibliothek:
Die Deutsche Nationalbibliothek verzeichnet diese Publikation in der Deutschen Nationalbibliografie; detaillierte bibliografische Daten sind im Internet über http://dnb.dnb.de abrufbar.

©2014 Udo Robert Riegger

Texte und Abbildungen dürfen nur mit schriftlicher Genehmigung des Autors zu kommerziellen Zwecken genutzt, vervielfältigt oder übersetzt werden.

Herstellung und Verlag
BoD – Books on Demand, Norderstedt

ISBN: 978-3-7357-6133-0

Der Autor:

„Das reale Leben hat die Satire längst schon überholt."

Sein Weg ist sein Ziel. Und als er sich darauf begab war ihm das nicht bewusst. Udo Robert Riegger, Jahrgang 1958, seine Interessen und Vielseitigkeit brachten ihn beruflich zum Maschinenbaumeister, Elektrotechniker, Betriebswirt, Ergotherapeuten und in die freiberufliche Gesundheitsberatung und privat u.a. bis ans Ende (nein, eigentlich bis an den Anfang) dieser Welt. Beruflich wie privat kreuzen Menschen aller Couleur seinen Weg und hinterlassen Eindrücke, die ihn zu menschlichen, politischen und tierischen Texten inspirieren.

„Ich schreibe, weil es mir Spaß macht und etwas in meinem Inneren mich dazu auffordert. Formulierungen über Zusammenhänge, Begebenheiten, Erfahrungen oder Empfindungen entwickeln sich in mir und machen einfach Laune. Insbesondere, wenn die Muse mich völlig überraschend küsst. Das kann am helllichten Tage oder in tiefschwarzer Nacht sein. Nicht selten lese ich dann erstaunt das, was sich vor mir auf dem Papier zusammen gefunden hat. Jedes Mal aber löst es eine innere Zufriedenheit aus und das sichere Gefühl, dass es richtig ist."

Keine Angst vor großen Tieren

- menschlich -

Nur auf den Humor ist noch Verlass

entdecken Sie ihn und vieles andere

in
- menschlich -
von

Udo Robert Riegger

**Das Lachen als Muntermacher –
 Das Nachdenken als Mutmacher**

Widmung

Für die Lebensfreude

Inhalt

	Seite
ER	8
Sie	13
ES	17
Auch schon passiert?	21
Pure Rasur	25
Fadenscheinig	31
Spermientagung	37
Die Wirbelsäule	44
Die Marionette	46
Was geht ab	58
Gott Schalk	60
Empfohlen	61
Burnout Weg	64
Was schreibst du	68
Fing grade an dich doch zu mögen	74
Unverdaute Tage	78
Ich will nicht mehr	80
Will dich nicht verpennen	83
Für Dich	93

ER

ER
führt wohl ein Eigenleben
lässt hier und da
manch´ Zelle beben

ER
regt und streckt sich
wie´s ihm passt
zieht sich zurück
wenn er was hasst

ER
kotzt sich aus
wann immer er will
drängelt nach vorn
hält meistens nicht still

fühlt ER sich wohl

kommt´s zu Gefühlen

dass

selbst die Haarspitzen jubilieren

es kommt zum Feuerwerk

der Superlative

zu spät

wenn vergessen

die Präservative

schleudert ER

sein Innerstes

mit voller Wucht

in manche

unbedeckte Bucht

freudig schäumend

dass ER sich gepaart

sorgt ER so

zum Nachwuchs seiner Art

selbst nachts

kommt ER nicht zur Ruh´

in jeder Rem-Phase

regt ER sich im Nu

haben Sie´s erraten

das Ding

randvoll mit Taten

drängt stets

und immer

Richtung Lustgarten

zu spät

erkennt die Jungfrau

die List des Genies

erliegt seinem Charme

mit beidseits die Knie

dann

triumphiert ER

mit hochrotem Kopf

und die Empfangende

denkt danach oft

na ja

da hatt´ ich mir mehr von erhofft

wer ER ist

das wissen Sie gewiss

wenn auch nur vom Sehen

hat kein Gebiss und kann nicht gehen

ist mal ein Großer mal ein Kleiner

mal ein Dicker mal ein Dünnchen

doch immer ist er ein

Rumpelstilzchen

***

SIE

Verschlossen

und sorgfältig geordnet

ruht Sie empfindsam

geduldig, gewappnet

öffnet sich leicht

bei zärtlicher Berührung

formt sich zum Feigenkuss

für höchste Verführung

aufgeblättert

wie eine Rosenblüte

entlässt SIE ihren heißen Atem

du meine Güte

zeigt

ihre feuchte warme Haut

geschmeidig weich

und sehr vertraut

lädt ein

zum taumelnden Vergessen

wer´s wahrnimmt

der ist wie besessen

SIE lockt

mit einer kleinen Stelle

die pochend

sich Empore reckt

genießt

die unscheinbare

weiche Härte

stimuliert durch nasses Glück

die feuchte Wärme

dich umschließt

du fühlst und fühlst

und fühlst und fühlst

doch nicht

dass

kein Tropfen Blut mehr

ins Gehirn dir fließt

und später noch

lang, lang danach

denkst du an SIE − imagina

***

ES

Der Mensch

kann hörend

riechen mit der Nase

kann schmeckend

sehen mit dem Auge

kann denkend

lauschen mit dem Ohre

und betend

reden mit dem Munde

doch

fest verschlossen im Verbunde

schmollt

ES

vor sich hin

als Schmollmund

in sich fest verzurrt

gibt ES nur nach

wenn`s im Gedärme murrt

langsam stülpt´s sich dann zum

„OH"

laut oder leise

doch immer froh

entlässt es

nach außen heiße Chemie

jetzt eine Flamme zünden?

-

Manch einer sagt

sag niemals nie

das Gemisch
von Trunk und Ase
ergibt
die Qualität der Gase
doch
darauf legt nun niemand Wert
rümpft sich im Umfeld
jede Nase
will nichts wie weg
von dem Geblase

nur die eigene Nas´
denkt nach
über zusamm´gesetzte Konsistenzen
prüft noch mögliche Konsensen
jedoch nicht
irgendwelche Konsequenzen

was kann ES sein

das so selbstverliebt

in dieser Lage

nicht zu ertragen das Gehabe

das von sich so eingenommen doch

lässt sich selbst hochleben hoch

was kann ES denn anderes sein - noch -

außer einem ...

***

Auch schon passiert?

Adam und Eva

ist´s schon passiert

nicht

weil der Adam

hat die Eva falsch massiert

nein, nein

beim Schmusen

und sich näher kommen

hat nur spaßig er bemerkt

dass

sie hätte etwas zugenommen

nur ein wenig

an den Hüften

- nicht viel -

er findet´s besser als vorher
wegen dem Gefühl

die Blockade
gar die Gegenwehr
die er verursacht hat
an dieser Himmelspforte
durch seine unbedachten Worte
bemerkt er nicht gleich
in seiner Erregung
auch nicht
dass
sie wie leblos scheint
trotz heftiger Bewegung
und *sie* nichts mehr erwidert
keine Regung

gekränkt
in ihrer Eitelkeit
fühlt sie sich innerlich bereit
zum Kampf
und beschwört herauf
den Scheidenkrampf

er zuckt noch weiter
doch in Bälde
überfällt ihn ihre Eiseskälte

erschrocken irritiert
und längst nicht mehr hart
schaut er in ihre Augen
der Blick wie erstarrt

nun kann er es

gut nachempfinden

und weiß

es ist

sehr leicht zu kriegen

das Gefühl

aus dem Paradies

zu fliegen

***

Pure Rasur

Ein Junge und ein Mädchen
die trafen sich
und hielten Händchen

sie trafen sich
nun immer öfter
und ihre Liebkosungen
nahmen zu
noch und nöcher

der Junge
natürlich zu allem bereit
das Mädchen
lag noch im inneren Streit
nicht darüber
ob sie wollte
gewiss nicht

schon eher darüber

wie

sie sollte

sollte ihr Liebster

ihre Scham

bewaldet passieren

oder

sollte sie sich rasieren

sie entscheidet sich

für die Rasur

geht gleich ans Werk

in Erregung pur

danach

sie sich im Spiegel sieht

erschrocken

nach den Fehlern gründet

weil die Scham jetzt

geschnitten, verpickelt und entzündet

das Jucken
Beißen und das Brennen
wer´s schon erlebt hat
der wird´s kennen
ist in engen Jeans
nicht auszuhalten
drum nimmt sie
Mutter´s Rock mit Falten

beim Küssen
spüren beide
die Ungeduld
in ihrem Unterleibe
rutschen in Erregung
hin und her
doch keiner
traut sich wirklich mehr

hoch erregt

in höchster Spannung

sagt sie zu ihm

und ohne Warnung

möchte nach Hause

Lieber - jetzt

wo er sie hinführt

zu guter Letzt

beide

machen sich keine Sorgen

und

verabreden sich auf morgen

Er ist sich sicher

freut sich und lacht

- denkt -

mein Gott

hab´ ich die heiß gemacht

sie konnt´ ja kaum noch stille sitzen

war grade froh

dass *sie*

nicht weitermacht

und meine Scham vorfindet

geschnitten, verpickelt und entzündet

***

Fadenscheinig

Ein Faden

lose doch mit Kraft

sich eilig schnell

den Weg freischafft

ich

bin der schnellste

hier im Bunde

verkündet er

mit vollem Munde

ich

werd´ sie kriegen

diese Kleine

dann machen *wir*

gemeinsam Beine

vermehren uns

im Teilungstakt

und hoffen

dass auch alles klappt

ist´s dann geschafft

nach vielen Jahren

dass *uns*

die Reifung eingeholt

der Vorgang schnell

sich wiederholt

- und -

Ein Faden

lose doch mit Kraft

sich eilig schnell

den Weg freischafft

ich

bin der schnellste

hier im Bunde

verkündet er

mit vollem Munde

ich

werd´ sie kriegen

diese Kleine

dann machen *wir*

gemeinsam Beine

vermehren uns

im Teilungstakt

und hoffen

dass auch alles klappt

ist´s dann geschafft

nach vielen Jahren

dass *uns*

die Reifung eingeholt

der Vorgang schnell

sich wiederholt

- und -

Ein Faden

lose doch mit Kraft

sich eilig schnell

den Weg freischafft

...

***

Spermientagung

Spermiengremien bilden sich
doch einer mag den andern nicht
zu groß ist doch das Eigenstreben
und jeder trachtet nach dem Leben

alleine sein
dem Labsal frönen
kein andrer
je an jemands Seite
nur sich versorgen
ohne Geize
danach
schmachten sie
nach diesem *scheinbar*
wunderbaren Reize

der Rundkopf
fühlt sich überlegen
der Langkopf
denkt *er* hat den Segen
der Flachkopf
nennt sie alle Deppen
der Spitzkopf
will sie alle neppen

die Türen noch zu
und fest verschlossen
das Gewimmel dahinter
unverdrossen

wird versucht
Konsens zu schaffen
fangen alle an zu gaffen

der Puls der Zeit
nimmt zu und zu
die Gremien scheinen
ohne Ruh´
es ist gesagt
was zu sagen war
genug hat jeder
von jedem Suppenhaar

hinaus will sie
die gesamte Schar
drängt
gemeinsam mit Hurra
will gleiten
in die langen Gänge
in Freiheit wimmeln
ohne Zwänge

schießt hinaus

denkt

gen Himmel oder Hölle

weder noch

jetzt auch egal

jagt hinein

ins pure Leben

jagt sich selbst

die Spermaschar

und am Ende

bleibt

nur Einer

von den Vielen

Rundkopf

fühlt sich überlegen

Langkopf

denkt *er* hat den Segen

Flachkopf

nennt sie alle Deppen

Spitzkopf

will sie alle neppen

der Eine heilfroh

so durchgekommen

siegestrunken

halb benommen

ich hab´s geschafft

ich bin alleine

endlich alleine

alleine - alleine

jetzt

jetzt nur noch

wundersame Reime

- doch -

matt keuchend

völlig außer Atem

schaut er in die Ferne

irritiert gebannt

kommt da nicht

ein

Ei gerannt?

***

Die Wirbelsäule

Ein jeder

hat die Chance

sie zu pflegen

grandios erlaubt sie uns

zu stehen, sitzen oder uns zu legen

doch ist sie abhängig

von unserer Vernunft

die entscheidet

ob sie federt oder schrumpft

fließt um sie herum

ein Wasserreigen

freuen und erheben sich

ihre Bandscheiben

sind ihre Muskeln

weich und geschmeidig

bleibt sie

mit ihren Wirbeln gelenkig

und wird nicht leidig

so lasst uns ergreifen

mit Vernunft und Tat

die Chance

für sie

die ein jeder hat

für sie

betätigen wir uns jetzt

geschwinde

auf dass es verschwinde

das Geheule

um die Wirbelsäule

***

Die Marionette

Was ist denn mit der Marionette

sie

war doch immer eine von den Guten

von den Netten

und plötzlich

über Nacht

erzählt man

sei sie aufgewacht

und

war in aller Seelenruhe

herausgesprungen

aus ihrer Aufbewahrungstruhe

hat ergriffen eine Schere

um zu durchtrennen die Fäden

an Kopf und Füßen und den Händen

nun stand sie da
befreit von allen Strängen
die ihr Leben bestimmten
in verschiedenen Längen

befreit von Zwängen
wie dem Nicken das sie sollte
wenn sie doch verneinen wollte
oder
dem gebremsten mutig Vorwärtsschreiten
durch ängstliches Zurückweichen
oder
dem wilden Gestikulieren mit Waffen
wo sie hätte mit Umarmungen
lieber Vertrauen geschaffen

auch wollt´ sie reden
und nicht immer bloß
stumm die Lippen bewegen
den Kopf zu schütteln
wann immer es ihr passt
Kollegen wachrütteln
die ihr im Wege steh´n
durch die sie was verpasst

und überhaupt will sie
gehen, gehen, gehen
und immer nur gehen
nein
rennen wird sie
und aufstoßen wird sie
Tore und Türen
die sie in die Welt raus führen

so fühlte sie sich
zu allem bereit
die Hände in die Hüfte gestemmt
spürte sie
wie glühende Lebensenergie
sie durchschwemmt

spürte
wie sich leichtes Zittern machte breit
es zog sich von der Füße Spitzen
über die Glieder und Gelenke
bis in jede Hirnes Ritze

schlagartig wurde ihr bewusst
und in Blitzesschnelle verstand sie nun
was es auf sich hat
mit der Erdanziehung

und

weil sie immer schon hatte

eine Neigung zur Physik

erkannte sie sogleich

das Missgeschick

bislang

hielten der Fäden Kräfte

dagegen

wegrennen

sagte ihr Gefühl

der Verstand jedoch sagte

von wegen

die Marionette

blickte

auf der Fäden Enden

an ihren Gelenken

schaute nach oben

ihren Mund offen und stumm

fiel sie um

(mit dieser Botschaft nun

könnte die Geschichte

hier enden

will sie aber nicht

denn genau

wie im richtigen Leben

will sich hier das Richtige

seine Chance nehmen)

also los

haltlos

fiel sie in den Staub hinein

und dachte

soll das

der ganze Weg gewesen sein

vor ihr
verschwand der letzte helle Fleck
im aufgewirbelten
staubigen Dreck

da lag sie nun
und der einzig spürbare Schutz
war der auf ihr liegende Schmutz

tief im Innern
fing ihr Herzlein an zu beben
Angst begann sich anzuheben
muss sie jetzt zurück
in ihr gebundenes Leben
ihrem Wesen lag es doch so fern
einfach aufzugeben

plötzlich
wurde sie
aus ihren Gedanken herausgerissen
denn
wie durch Geisterhand
glaubte sie Stimmen zu hören
aus der Wand
doch
es waren Stimmen
an der Wand

sie kamen da
von ihresgleichen
die aufgehängt
an Haken fristeten
oder
wartend lagen
in Aufbewahrungskisten

sie kamen von den Marionetten

von den Guten

ja sogar

von den weniger Netten

steh´ auf

mach weiter so

lass dich nicht unterkriegen

fang an, in deinem Inneren zu fliegen

all so was

hallte von den Wänden

und sie spürte ein Zucken

in ihren Händen

die Energie

die kehrte zurück

und warf sie hoch

ein gutes Stück

hinaus

aus dem Schmutz und Staube

dass

es fast den Atem ihr raubte

und

mit freier klarer Sicht nun

auf die Wände

sah sie dort

viele ihr zuwinkenden Hände

und

als sie auf dem Boden

wieder angekommen

aufrecht stehend

mit festem und sicheren Stand

sprangen andere Marionetten

zu ihr

von der Wand

durchtrennten
ihre Fäden mit der Schere
ließen sich fallen
in den Schmutz und Dreck
so
als ob das wirklich nötig wäre
und
sprangen wieder auf
heiter, lustig und keck
-
draußen ging die Sonne auf
mit glänzend gold´nem Licht

die Marionetten
scharten sich dicht an dicht
unglaubliche Energien sie verbanden
als sie gemeinsam
in ihre neue Zukunft
verschwanden

und die Moral von der Geschicht

wenn

nur *ein einziger* Gedanke etwas

anders

ist

und sich

mit der Energie

von vielen anderen vermischt

hat

dieser *eine* Gedanke

der

nie ohne Grund

so gedacht

schon Vielen

Glück und Freiheit

eingebracht

***

Was geht ab

He Alter

was geht ab

komm´ mit

ich halte dich auf Trab

du

kannst zwar nicht mehr gehen

dafür

für uns beide aber sehen

jetzt

dreh´ mal deinen Rolli auf

ich halt´ mich fest

steh´ hinten drauf

der Fahrtwind

bläst uns ins Gesicht

du lenkst und steuerst
ich ahne nicht
was auf uns zukommt
hinderlich

es ist nur ´ne Stufe
doch fatal
im Flug noch
denk ich
boa brutal
und ruf nach hinten

he Alter
das war´s erstmal

***

Gott Schalk

Weltberühmt, viel Geld mit falschem Ton
verdiente sich grinsend ein Clown
mit schmerzenden Späßen
gleich des Menschen Hohn

bald nahm er sich so wichtig
und heraus
mit unehrhafter Böse
IHM zu machen
den Garaus

doch nachdem zu viel
„Lieb Gott" geschalkt mit
nachgeäfftem Hecheln
verewigte ihn dieser
in Ozeanien
mit einem Lächeln

***

Empfohlen

Empfohlen wird nie

dass

die blaue Energie

stärkt dein Genie

doch

fährt sie in großer Eile

hinab

in deine weichen Teile

dort

signalisiert sie dir

zur Freude

es funktioniert

leg los für heute

du gluckst

und jauchst

und jubilierst

stehst da

mit zuckend

roten Köpfen

kannst kaum

ein Auge

davon lassen

bist *sooo* stolz

auf diesen Zugewinn

wie schön

wär jetzt

´ne Partnerin

***

Burnout Weg

Tief entspannt

in festem Schlummer

spürte ich noch keinen Kummer

durch viel Getöse

Tag und Nacht

bin ich oft

und öfter aufgewacht

laute Stimmen

harte Worte

Schläge

an die Außenpforte

große Drücke

dumpfer Hall

Angst und Panik

überall

nehm´ alles auf
um zu erschüttern
mit den Mutterschreien
diese grellen
die mich durchfluten
in schmerzenden Wellen

gefangen
in meiner Hülle
kriecht all das
hoch in mir
kann mich nicht wehren
es gibt kein wir

geschunden unumwunden
keine Heilung für die Wunden

soll ich hier raus

vertrieben werden

ich spüre und ich sehe ein

ich bin geschlagen

im Vorhinein

ich gebe auf und lasse los

hab keinen Halt

hab kein Vertrauen

nur ein Tosen in meinen Ohren

das mir sagt:

du hast verloren

und dennoch

werde ich geboren

***

Was schreibst du

schreibst du
etwas Witziges das berührt
wird der Leser in deine Welt entführt

schreibst du
zum lauthals Lachen
ist´s große Kunst
wenn du es ohne Hohn
für den anderen kannst machen

schreibst du
nur über Einerlei
ist trotzdem
ein Stückchen Realität dabei

schreibst du
über Menschlichkeit

ist hernach ein mancher
mehr dazu bereit

schreibst du
über Politik
siehst du sie reihenweise einziehen
ihr Genick

schreibst du
über bestimmte Politiker
befällt den einen der Zorn
den anderen der Zitterer

schreibst du
über Recht und Gesetz
fühlt sich mancher tief verletzt

schreibst du
über Schenkungen für fremde Leute
heftet sich an deine Fersen
schnell die Meute

schreibst du
über Gefühle bloß
trittst du emotionale Lawinen los

schreibst du
nur um viel Geld zu verdienen
musst meist noch in der Kneipe dienen

schreibst du
über menschliches Vertrauen
überzeugst du einige
wieder darauf zu bauen

schreibst du

über die Liebe und deren Macht

erreichst du die Herzen

weil jedes

das Bedürfnis hat

schreibst du

über die Erotik

wenn auch witzig

kommt´s vor

dass

mancher wird ganz hitzig

schreibst du

über das Gewissen

wollen viele davon nichts wissen

schreibst du

über Gott

findest du Beklemmungen

direkt vor Ort

schreibst du

übers Kinderkriegen

über die Erziehung

und

über die Dankbarkeit

im Lachen der Kleinen

fangen nicht wenig Große an

zu weinen

schreibst du

dass die Erde untergeht am Morgen

verursachst du Frust oder knallende Korken

schreibst du

und musst dir

jede Woche etwas borgen

lassen Durst und Hunger dich

ums nackte Überleben sorgen

schreibst du

und schreibst

und schreibst

und schreibst

ist eines doch ganz sicher

dass du

in deinem Geschriebenen

zumindest

erhalten bleibst

***

Fing grade an
dich *doch* zu mögen

Schweig

halt´ ein du dummes Ding

fing grade an dich *doch* zu mögen

ich bin die

die hier entscheidet

hab´ das vorher schon getan

gut

der Spermaspender ging jetzt flöten

weil er Angst hat

vor den Nöten

die *du*

verursachst

dummes Ding

was fällt dir auch ein
dich hier einzunisten
wünscht mir
du könntest dich verpissen

könnt´ auf der Stelle
dich zermalmen
doch
hält mich etwas noch zurück
ist´s meine Unlust für die Schule
ist´s meine Unlust für das Leben

ich weiß es nicht
nur eben
dass *ich*
entscheide über dich

ob du mein Becken sprengst

mit Schmerzen

ob ich dich gehen lass

mit Kerzen

ob ich dich gebäre

und dann verschicke

ich weiß es nicht

drum halte still

du dummes Ding

verursach keine Übelkeiten

beweg nicht meine Eingeweide

lass meinen Herzschlag ruhiger pochen

lass mein Gemüt nicht überkochen

dass

meine Wangen heiß erröten

fing grade an dich *doch* zu mögen

***

Unverdaute Tage

In guten

wie in schlechten Tagen

wollten wir

uns doch vertragen

doch

kurz wir uns zusammentaten

schleiftest du mich

an den Haaren

deine Eifersucht war voller Macht

konnte keinen Schritt tun

unbedacht

musst mich an Lügen hier

und da gar binden

wo´s gar nicht nötig war

sie zu erfinden

doch du warst rasend

vor Misstrauen

fingst dann an

mich zu verhauen

das gab viele Flecken

viele der blauen

bin deshalb

zu Mutter abgehauen

und hab

bis Heute nicht verdaut

dass

eine Frau

den Mann verhaut

***

Ich will nicht mehr

ich will nicht mehr
deine Tritte
in meine Nüsse

ich will nicht mehr
bitten müssen
um deine Küsse

ich will nicht mehr
deine Sorgen tragen

ich will nicht mehr
die Gerichte fragen

ich will nicht mehr
für dich bürgen

ich will nicht mehr
dein Würgen

ich will nicht mehr dein Abtritt sein

ich will frei sein mich bewegen
will tief atmen mich beleben
will vergessen *deine* Qualen
will mir die Zukunft selbst ausmalen

ich will nicht mehr
deinen harten Sex

ich will nicht mehr
deine Geschichten vom Ex

ich will nicht mehr
dein Komasaufen

ich will nicht mehr
dir Drogen kaufen

ich will nicht mehr
deine Lügen

ich will nicht mehr
dein Betrügen

ich will nicht mehr dein Abtritt sein

ich will frei sein mich bewegen
will tief atmen mich beleben
will vergessen *deine* Qualen
will mir die Zukunft selbst ausmalen

***

Will dich nicht verpennen

Ein verklärter Blick

in deine klaren Augen

und ich konnte es nicht glauben

durch den Drogennebel

in dem Bewusstsein vergeht

hat mich ein Hauch

von Geborgenheit bewegt

kurz

trafen sich unsere Seelen

in der Unendlichkeit

- Zeit -

die Sicherheit und Zuversicht verrichtet

bis der Alltag

dies Glück vernichtet

ich will dich lieben
will dich lernen
will dich kennen
will dich nicht verpennen

du sagst
Rap-Rap-Rap
für mich zählt immer nur Rap
und würde nicht erkennen
Rap ist auch nicht das Konzept

ich würde leben
sagst du
in meinen Worten
mache Formulierungen zu Pforten
durch die ich gehe
und trotzdem nicht verstehe
wie ich mit meinen Gefühlen zu *dir* stehe

ich will dich lieben
will dich lernen
will dich kennen
will dich nicht verpennen

du sagst
ich betrüge mich
mit meinen Methoden
wenn sie still steht meine Phantasie
will ich sie bewegen mit Drogen
doch meine Gefühle
verzeihen das nie

zu erkennen
woher der Wind der Gefühle weht
sagst du
ist für mich noch ein langer Weg

kehr ich nicht um

kannst du mir garantieren

werde ich dich verlieren

ich will dich lieben

will dich lernen

will dich kennen

will dich nicht verpennen

nach Dir

fühl ich mich nur bei Drogen aufgehoben

du sagst

das wäre doch gelogen

und ich glaube dir

doch

was weißt du

von meinen Schwachheiten

die zu Stärken werden

und zu Unverwundbarkeiten

bitte

nur noch eine Reise

in ungeahnte Höhen

ekstatische Phantasien

und traumhafte Nöten

danach

ein bisschen Ruhe

ein wenig Schlaf

ein letztes Mal

lass mich das bitte

nicht schwören

du sagst

du kannst das nicht mehr hören

ich will dich lieben

will dich lernen

will dich kennen

will dich nicht verpennen

jetzt bist du weg

nur eine Lüge noch

heiligt den Zweck

- versprochen -

noch ein letztes Mal

ich sehe die Qual

in deinen klaren Augen

du wirst zu Farben und Musik

die mich aufsaugen

spüre

deine unendlich reiche Liebe

spüre den Wind

meiner zurückkehrenden Gefühle

spüre

des Schicksals Hiebe

ich will dich lieben

will dich lernen

will dich kennen

will dich nicht verpennen

wlll der Härte hier entkommen

- seh´ mich -

dich zur Frau genommen

doch

zu viel Gift schießt durch die Adern

ich fange an zu hadern

möchte das was war

spür´ es unverfälscht

und göttlich klar

doch

Sein und Nichtsein

sind verschwommen

habe diesen Berg

ein Mal

zu viel erklommen

seh´ meine Zeit

wie sie rasend schnell

zu Ende rennt

ich *will´s nicht* glauben

hab dich verpennt

**

Liebe Leserin
Lieber Leser

Für Dich

Bist du verzagt an manchen Tagen
findest keine Antwort auf Fragen über Fragen

glaubst alles hat doch keinen Sinn
sagt eine Stimme dir wirf dich doch hin

fühlst dich wie aus ´nem Flugzeug fallend
hörst dich selbst auf den Boden knallend

in diesen Momenten diesen schweren
will ich dir, mehr als Trost, Gewissheit bescheren
die ohne mein Zutun kommt aus höheren Sphären

wirf einen Blick auf mein Signum nun
und gib deinen Gedanken danach Zeit zu ruh´n

denn eines morgens als ich erwacht
wusst´ ich dies Kürzel ist dazu gedacht

in Englisch zwar kurz und prägnant
möchte ich´s dir geben an die Hand

egal was andre von dir denken
egal wie sie dein Leben lenken
egal ob sie dich irritieren
egal ob sie dich kritisieren
egal ob sie dich mit Füßen treten
egal ob sie zu Götzen beten
egal ob ihre Lügen lassen dich erbeben
-
You Are Right in diesem Leben!

Danke
für diesen
gemeinsamen Spaziergang

Von Udo Robert Riegger bisher erschienen:

Keine Angst vor großen Tieren - menschlich - 1
Nur auf den Humor ist noch Verlass
ISBN 978-3-7357-6133-1

Keine Angst vor großen Tieren - menschlich - 2
Nur auf den Humor ist noch Verlass
ISBN 978-3-7357-7513-9

Keine Angst vor großen Tieren - politisch - 1
Unsere absurde Politik-Wirklichkeit bekommt ein Gesicht
ISBN 978-3-7357-5752-4

Keine Angst vor großen Tieren - politisch - 2
Unsere absurde Politik-Wirklichkeit bekommt ein Gesicht
ISBN 978-3-7357-7499-6

Keine Angst vor großen Tieren - tierisch - 1
Tier im Mensch und umgekehrt
ISBN 978-3-7357-5843-9

Keine Angst vor großen Tieren - tierisch - 2
Tier im Mensch und umgekehrt
ISBN 978-3-7357-7497-2

Kaleidoskop Mensch 1
Aus dem Leben - Für das Leben
Wahr oder nicht wahr, entscheiden Sie selbst.
Kurzgeschichten.
Jede für sich eine Perle mit faszinierenden Überraschungen und spannenden Wendungen.
ISBN 978-3-7357-7508-5

Alle Erscheinungen auch als E-Book erhältlich.